Contraste insuffisant
NF Z 43-120-14

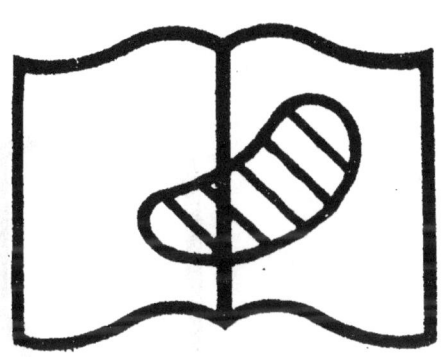

Illisibilité partielle

VALABLE POUR TOUT OU PARTIE DU
DOCUMENT REPRODUIT.

Couverture inférieure manquante

Original en couleur
NF Z 43-120-8

de Watteville.

# UN INTÉRIEUR

DE

# GRAND SEIGNEUR FRANÇAIS

## AU XV<sup>e</sup> SIÈCLE

PAR

M. LE BARON OSC. DE WATTEVILE

---*---

PARIS

LIBRAIRIE HISTORIQUE DES PROVINCES

EMILE LECHEVALIER

39, QUAI DES GRANDS-AUGUSTINS, 39

1890

*A Monsieur Léopold Delisle  
très affectueux souvenir  
de son tout dévoué*  

*B. de Watteville*

# UN INTÉRIEUR
## DE
# GRAND SEIGNEUR FRANÇAIS
### AU XV<sup>e</sup> SIÈCLE

# OUVRAGES DU MÊME AUTEUR

Rapport du Jury international (Exposition de 1867); globes, cartes, appareils pour l'enseignement de la géographie. In-8°, Paul Dupont, 1867 (*épuisé*).

Rapport sur les Bibliothèques scolaires, depuis l'origine jusqu'en 1866. Imprimerie impériale, in-8°, 1867.

Rapport au Ministre de l'Instruction publique sur la collection de documents inédits de l'histoire de France et sur les actes du Comité des travaux historiques. In-4°, Imprimerie nationale, 1874.

Rapport au Ministre de l'Instruction publique sur le service des missions et voyages scientifiques en 1875. In-8°, Imprimerie nationale, 1875 (*épuisé*).

Rapport au Ministre de l'Instruction publique sur le service des missions et voyages scientifiques en 1876. In-8°, Imprimerie nationale, 1877 (*épuisé*).

Rapport au Ministre de l'Instruction publique sur l'emploi de la photographie dans les établissements scientifiques et littéraires dépendant du Ministère. In-4°, Imprimerie nationale, 1877.

Rapport au Ministre de l'Instruction publique sur le Muséum ethnographique des Missions scientifiques. In-8°, Imprimerie nationale, 1877 (*épuisé*).

Rapport a M. Bardoux, Ministre de l'instruction publique, sur le service des Bibliothèques scolaires (1866-1877). In-8°, Paris, Imprimerie nationale 1879.

Rapport administratif sur l'Exposition spéciale du Ministère de l'Instruction publique à l'Exposition universelle de 1878. In-8°, Paris, Hachette et C^ie, 1886.

---

Résumé des principes de la science héraldique. In-12 (avec planches), Paris, Didot, 1857 (*épuisé*).

Étude sur les devises personnelles et les dictons populaires, Paris, Emile Lechevalier, in-8°, 1888.

Le Cri de guerre chez les différents peuples. Paris, Emile Lechevalier, in-8°, 1889.

# UN INTÉRIEUR

DE

# GRAND SEIGNEUR FRANÇAIS

## AU XV<sup>e</sup> SIÈCLE

PAR

M. LE BARON OSC. DE WATTEVILE

---&#42;---

PARIS

LIBRAIRIE HISTORIQUE DES PROVINCES

EMILE LECHEVALIER

39, QUAI DES GRANDS-AUGUSTINS, 39

1890

# UN INTÉRIEUR DE GRAND SEIGNEUR FRANÇAIS

## AU XVᵉ SIÈCLE (1)

Lorsque, découragé par le spectacle des événements contemporains, écœuré de la lâcheté des uns, de l'infamie des autres, on cherche à se retremper dans l'étude du passé, si on évoque alors une de ces grandes figures « toute couverte de la gloire française, » il se passe dans l'esprit un rapide et singulier phénomène. Prenons l'Empereur, comme exemple ! Sous quelle forme nous apparaîtra-t-il ? — Sous les traits du général Bonaparte, tenant d'une main héroïque le drapeau d'Arcole ? — De l'Empereur tel que l'a représenté David le jour du sacre ? — Non ! Nous nous le représenterons, sans hésitation aucune, avec l'uniforme de colonel des chasseurs de la garde, l'immortelle redingote grise et le petit chapeau. Ce ne sera ni le membre de l'Académie des Sciences, ni le législateur dirigeant les débats du conseil d'État, ni l'Empereur dans tout l'éclat de sa cour et de sa gloire, ce sera le général, le guerrier en tenue de campagne, qui sera vivant devant nous.

De même pour des temps plus reculés : Duguesclin ou Dunois. Nous les voyons bardés de fer, casque en tête, brandissant leur épée. Il faut un effort d'imagination, de réflexion, pour se rappeler qu'ils n'étaient pas sans cesse le glaive au poing, qu'ils vivaient eux aussi de la vie ordinaire, qu'ils dormaient comme nous et buvaient et mangeaient, si ce n'est mieux, du moins beaucoup plus que nous.

Depuis quelques années l'attention s'est portée sur les détails de cette existence intime, domestique ; des publications érudites nombreuses, livres de comptes et de raison,

---

(1) *Le Chartrier de Thouars*, documents historiques et généalogiques publiés par le Duc Louis de la Trémoille ; 1 vol. in-4°, Paris, 1877. — *Archives d'un serviteur de Louis XI*, par le même ; 1 vol. in-4°, Nantes 1888. — *La vie privée d'autrefois... la cuisine... les repas*, par A. Franklin, 2 vol. in-18, Paris, Plon, éditeur, 1889.

inventaires, collections de testaments, dictionnaires (1) ont fourni mille et mille renseignements, qui nous permettent de connaître, par le menu, comment se comportait le suzerain dans son château-fort, le bourgeois dans sa maison, le paysan dans sa chaumière.

Au nombre de ces publications, qui jettent un jour nouveau sur l'histoire générale de notre pays et sur l'histoire des mœurs, deux toutes récentes sont à consulter en première ligne. Nous voulons parler du *Chartrier de Thouars* et des *Archives d'un serviteur de Louis XI*.

Toutes deux sont dues à la munificence éclairée de M. le duc Louis de la Trémoïlle. Sans insister sur la splendeur des éditions, sans entrer dans l'énumération, qui nous mènerait beaucoup trop loin, des pièces d'une importance capitale pour l'histoire générale, que l'auteur a toutes puisées dans les précieuses archives de sa maison, et a publiées en les éclairant par des notes savantes, nous nous bornerons à celles qui peuvent nous montrer dans son intérieur un grand seigneur français au XV° siècle.

Le serviteur de Louis XI était Georges (2), deuxième fils de Georges de la Trémoïlle (premier ministre de Charles VII), et de Catherine de l'Ile-Bouchard, c'est-à-dire un cadet, et non pas le chef du nom et des armes. Il faut le remarquer, parce que précisément il ne menait pas la vie princière d'un aîné. Georges de la Trémoïlle, cependant occupa de hautes positions. Sire de Craon, comte de Ligny, il fut successivement gouverneur de Touraine, puis de Champagne et de Brie, du Barrois et, après la mort de Charles le Téméraire, des deux Bourgognes (3). Il fut en outre chevalier de l'Ordre de Saint-Michel, à la création en 1469, grand maître et grand chambellan héréditaire de Bourgogne, etc. — Encore une fois, nous ne le suivrons pas dans sa vie publique. Mais voyons ce que les documents nous apprennent sur sa vie privée, sa vie intime.

Nous venons d'indiquer qu'il était titré, tout à la fois, de Sire de Craon et de comte de Ligny. A la suite de « certains grans, énormes et détestables cas, crimes, délitz

---

(1) Voir dans les publications de la Société de l'Histoire de France ; les *Comptes de l'Argenterie des rois de France au XVI° siècle* — les *Comptes de l'hôtel des rois* — le *Nouveau Recueil des comptes* — les *Rouleaux des Morts* ; — voir en outre les diverses publications des *Livres de raison*, par M. Ch. de Ribbes et autres. — Le *Glossaire français du moyen-âge* de M. Léon de Laborde — le *Dictionnaire du Mobilier français* de Viollet-le-Duc — le *Dictionnaire du mobilier* de M. Havard — l'*Essai sur l'appréciation de la fortune privée au moyen-âge* par C. Leber, etc. etc.

(2) Né en 1430.
(3) La Bourgogne et la Franche-Comté de Bourgogne.

et maléfices, commis et perpétrez par feu Loys de Luxembourg, comte de Saint-Pol, de Brienne et de Liney (Ligny), à l'encontre de notre personne, de notre autorité et majesté royale », Louis XI, par décision de janvier 1475 (1), après avoir fait « exécuter corporellement... ce criminel de crime de lèse-majesté... donna de grâce especiale, » la ville, comté, terre et seigneurerie de Liney, au pays de Barrois (Bar-le-Duc), propriétés confisquées sur Saint-Pol, à Georges de la Trémoïlle. Ce fut dans ce château de Liney qu'il mourut quelques années plus tard; et l'inventaire du mobilier, dressé le 30 septembre 1481, va nous faire connaître tout à la fois l'importance du château et la façon dont il était meublé.

Le château, dont il ne reste plus aucune vestige, était de moyenne grandeur. Il comprenait, outre la chapelle, quatorze ou quinze chambres ou salles et la cuisine. De ces pièces, six seulement, suivant toutes probabilités, étaient des chambres à feu, car l'inventaire nous apprend que le château ne comptait que dix landiers plus les deux « gros chenets » de la cuisine; et, sur ces cinq pièces, trois se trouvaient dans ce qui formait l'appartement (comme on dirait aujourd'hui) du sire de Craon. Cet appartement, comme le reste du château, était succintement meublé. Le luxe alors consistait surtout dans la somptuosité des vêtements, des armes, des bijoux. Quant aux meubles, on se bornait au strict nécessaire. « En la salle de Monseigneur, » comme parle l'inventaire, on ne trouvait qu' « un lict de duvet, » le seul du château, réservé sans aucun doute aux hôtes de qualité, une table, un banc, un buffet et une couchette; car l'usage était de faire coucher dans la chambre un serviteur de confiance. C'est bien là, comme nous venons de le dire, le strict nécessaire; le superflu était représenté par « six pièces de tapisseries ouvrées » et un ciel de lit garni de deux rideaux verts; en plus, deux landiers pour la cheminée.

Plus simple encore était « la chambre de Monseigneur, » car elle avait le même mobilier, sept pièces de tapisseries, plus deux autres pour la « couverte du lict, » un grand et un petit ciel de lit, mais elle ne renfermait pas de buffet. Ce meuble était remplacé par une salle spéciale, la « garde robe » où, naturellement, on conservait les étoffes en pièces, les vêtements, etc. C'était encore une chambre à feu : il y avait les deux landiers de rigueur, point de tapisseries,

---

(1) *Archives d'un serviteur de Louis II*, p. 84.

mais « deux tables garnies de tréteau (1) et d'un bancq — item six arbalestre d'acié. Item deux chaires percées ».

L'armement *général* du château (il ne faut pas oublier que chaque homme d'armes, écuyer, archer, etc., était propriétaire de ses armes), l'armement général était complété par « trois Thiolles (2) à bender arbalestres », par une serpentine et 17 haquebouthes (3) placés « dans la salle basse où mangent les gentilzhommes. »

Revenons à la garde-robe, à un meuble indispensable dont elle était garnie et dont cependant il est un peu délicat de parler. L'inventaire mentionne « deux chaires percées », c'étaient les seules du château. On se rappelle, pour peu qu'on ait lu Saint-Simon, le rôle important de la chaise percée encore sous le grand Roi. A propos de Louis XIV, du duc de Vendôme, même de l'élégante duchesse de Bourgogne, le satyrique écrivain entasse à ce sujet anecdotes sur anecdotes. Ce fut Louis XVIII qui, au retour de l'émigration supprima aux Tuileries ce meuble, et fit construire des cabinets qui, jusque de nos jours, ont conservé leur nom anglais. Rien donc de plus simple que de trouver deux de ces chaises au château de Ligny. Du reste, un luxe extraordinaire venait s'appliquer à ces meubles intimes. Dans le glossaire de M. Léon de La Borde (4), nous voyons le soin de la confection de ces chaises confié à des peintres : « à maistre Girart d'Orléans, paintre, pour II *selles nécessaires*, feutrées et couvertes de cuir et de draps, délivrées pour l'ordinaire de la chambre du Roy » (*Comptes royaux*). Voilà pour le roi ; aux *Comptes de la reine* on trouve « douze barillez d'eau de rose de Damas — mis tout en quatre barillez, c'est assavoir deux d'or et deux d'argent, comme en une fiole d'or garnie de pierreries, mise au retrait de la reyne ». Comme indication de luxe, ces petits détails sont à noter. Mais le château de Ligny, au fond de la province, n'a rien qui rappelle ces magnificences royales et bizarres.

Si l'ameublement des chambres de « Monseigneur » est aussi simple, ont peut juger facilement de ce que devait être le mobilier des pièces occupées par les gentishommes,

---

(1) Pour couper et coudre les vêtements confectionnés dans le château.
(2) Dans l'inventaire de l'artillerie du roi en août 1463, cité dans les pièces justificatives des *Etudes sur le passé et l'avenir de l'artillerie* par S. M. l'empereur Napoléon III, cet appareil se nomme *Tigolles*, on trouve aussi Signolles et Titolles. C'était une espèce de vindas ou de crennequin.
(3) Cette arme, nouvelle alors, venait d'Allemagne et s'appelait en allemand *Hack-Busse*, d'où notre mot Arquebuse.
(4) Ce glossaire, justement estimé, sert de complément et de commentaire au *Catalogue des émaux du Louvre*, du même auteur.

les valets, etc. Nous ne nous arrêterons donc plus que sur la cuisine. Il est indispensable de la connaître, pour comprendre ce que nous aurons à dire plus loin sur les repas.

La batterie de cuisine se composait de (1) :

« Trois grandes poêles ;
Trois grande poêles d'airin et une moyenne ;
Une grande chaudière à 4 anses ,
Un grand chaudron ;
Deux grands pots de cuivre et un petit, qui a le pied rompu ;
Sept broches de fer a rostir chair, dont y a une rompue;
Deux rostisseuses ;
Huit grands plats d'étain ;
Huit petits plats d'étain ;
Vingt-sept écuelles d'étain ;
Deux gros chenets ;
Et un lict. »

Si nous prenons l'ensemble du mobilier de ce château, nous trouvons avec ce que nous venons d'énumérer, 7 lits, 3 couchettes, 16 chalits (2), quelques traversins, 20 couvertes de lit, soit en tapisseries, soit en serge, 15 ciels ou rideaux de lit, dont quelques-unes en tapisseries, d'autres en taffetas, les uns verts, les autres rayés perpendiculairement (palés) de bleu foncé (pers), de gris, de rouge, d'autres aux couleurs de La Tremoïlle (rouge et jaune) ; une trentaine de pièces de tapisseries, puis 5 buffets, 7 tables, 6 bancs, 9 escabeaux, 2 carreaux, 1 baquet, 2 filets pour la chasse aux perdrix... et c'est tout !...

Les inventaires de G. de la Trémoïlle énumèrent avec soin les moindres objets, même les pots qui ont perdu un pied, même les broches en mauvais état. Mais ils ne donnent aucune estimation de la valeur des objets. Heureusement que le *Chartrier de Thouars* (p. 240) renferme un document qui permet de suppléer au silence des inventaires. Nous voulons parler du trousseau de Katherine de la Tremoïlle « pour estre receue en l'abaye (des Bénédictines) de Nostre-Dame d'Angier » en 473. Dans les nombreux *Item* de ce compte on peut relever, en ce qui touche le point que nous indiquons : « Item un breviaire qui pourra couster xxx écus (3) — Item luy

---
(1) Nous avons réuni dans ce détail l'inventaire du 30 septembre 1481 et celui du 10 octobre de la même année.

(2) Dont un ployant destiné à faire campagne.

(3) En monnaies de nos jours, comme nous l'expliquerons plus loin, ces trente écus représentent 3,330 francs.

faut 2 licts, bien et honnestement garnis tant de courtines, de linge de lit et de table, d'oreillers, couvrechefs ; item 1 grand coffre et 1 petit, 1 banc, 6 escabeaux, 1 dressouer, 2 chalits, 2 tables, qui coûteront le tout XII écuz (1332 fr.) — Item de vesselle d'argent, 3 tasses, 1 pot, 6 cuillers, XLVIII écuz (4328 fr.) — Item de vesselle d'estain. 12 escuelles, 6 plats, 1 bénitier, divers pots, le tout valant VII écuz (777 fr.). — Item 2 landiers, 1 escuz et demy (166 fr.), item 4 chandelliers de cuyvre, 1 escu (111 fr.); » enfin ce dernier article singulier : « Et puis quand elle sera professe en l'ordre, luy faudra ung segnet et une verge, le tout d'or ; et qu'il y ait ung dyament ou autre pierre en la verge. » — Le total du trousseau monte a 219 écus et demi, soit plus de 24.000 francs.

Plusieurs remarques se présentent naturellement à l'esprit lorsqu'on examine ces inventaires. D'abord l'absence de sièges dans un château qui, sans compter les hôtes, devait renfermer un certain nombre d'habitants (1).

On ne trouve à Ligny que 6 bancs, 9 escabeaux et 2 carreaux ; mais à dater du XIII° siècle, à la suite des croisades, les chaises dures et anguleuses des deux premières races furent remplacées par des coussins et des tapis (ou tapisseries) étendus par terre, à l'orientale. De là ce nombre considérable de tapisseries que nous trouvons dans la description de chaque pièce. Les unes tendaient les murailles, dont elles étaient le seul ornement, les autres recouvraient les lits, les autres le sol. (2).

Puis l'absence complète d'argenterie, un des grands luxes de cette époque. Il est vrai que l'ordre des funérailles de notre héros nous apprend que pour subvenir aux frais des obsèques, on avait engagé à Bourges, pour la somme de 670 livres tournois, 2 bassins d'argent pesant 12 marcs (3) ;

---

(1) On ne peut calculer le nombre d'habitants par le nombre de lits : d'abord parceque les serviteurs, comme encore aujourd'hui en Russie, couchaient sur les bancs, ensuite parce que l'usage était de coucher plusieurs dans le même lit.

(2) L'inventaire fait remarquer que plusieurs sont fort vieilles — de La Borde, dans son *Glossaire* compte *douze* espèces différentes de tapisseries.

(3) Le marc d'argent pesait huit onces, soit 244 grammes. D'après Leber (*Essai sur l'appréciation de la Fortune privée au Moyen-Age*) dont l'ouvrage fait autorité, et que nous aurons souvent à citer dans ce travail, le marc d'argent fin, dans la première moitié du XV° siècle, valait (monnaie de l'époque) huit livres tournois et onze livres dans la seconde moitié. Or, avec la dépréciation qu'a subi l'argent de nos jours, ou pour nous servir des termes techniques : *au pouvoir actuel de l'argent*, la livre dans la première moitié du

six grandes tasses pesant 19 marcs et une once 1/2; 5 petites tasses, 10 marcs; une aiguière et un pot, 7 marcs; 2 flacons, 19 marcs : en tout 1,111 onces sur lesquels Jehan Lallemand a prêté 670 livres tournois, avons nous dit, soit 25,000 francs de notre monnaie actuelle. (1).

Point de bijoux non plus (2), ni d'armes enrichies de pierreries, comme l'exigeait alors l'usage chez les grands seigneurs (3) ; il faut admettre que tous ces objets de grands prix, que le *trésor* de Georges de la Trémoille était dans un autre château, dans la place forte de Craon, par exemple, dont les murailles garnies de vingt-sept tours « estoient si fortes et si grant espèsse (épaisseur) que deux charrettes y passeraient de front ».

Mais là où la magnificence apparait, où le luxe se montre, ce sont dans les dépenses somptuaires; un long compte de

XVᵉ représente 41 fr. 45 cent., dans la seconde 36 fr. 98 ; en 1514 elle ne vaut plus que 27 fr. 50, et en 1540 seulement 14 fr. 66. (Voir Leber, p. 103.) Il y avait donc de fréquents changements dans les cours et toujours avec dépréciation de la valeur.

(1) Le prêt sur gage était le mode d'emprunt le plus usité pendant le Moyen-Age, et toutes les classes de la société y avaient recours. En 1317, Louis X le Hutin avait engagé à Arras 378 nappes « que bonnes que mauvèzes ». Après les avoir fait « mestre en point » c'est-à-dire raccommoder, le sergent et garde du linge Richier vendit les cent meilleures 40 livres tournois 12 sous, 6 deniers (3991 fr. 50), 195 autres moins bonnes, 67 livres 7 sous, 6 deniers (6619 fr. 65). Les pièces « qui demouraient estoient si mauvèzes et si dérompues qu'elles ne furent point en pris. » (Inventaire de Mobilier de Louis le Hutin, cité par Leber p. 149). Le neveu du roi Charles VI, le comte des Vertus, en 1407, n'ayant pas de quoi payer 10 écus d'or qu'il a perdu au jeu de paume, laisse sa robe en gage chez le paumier, jusqu'à ce que le duc d'Orléans lui prête les dix écus, qui représenteraient aujourd'hui 543 fr. 60. En 1452, Marie d'Anjou, femme de Charles VII emprunte à Jean Pasquier, 60 écus d'or (3.261 fr. 60) et n'ayant rien alors à donner en garantie elle « engage sa foi de reine » etc. etc. etc. (Leber p. 152, et suiv.).

(2) Quelques années après la mort de G. de La Trémoille, nous voyons dans le *Chartrier de Thouars* (p. 219) le compte du *Juif orphèvre à Tours* qui fabrique pour Jacques de la Trémoille une couronne d'or du poids de 387 écus d'or, ainsi que d'autres bijoux énumérés dans l'acte. On lui remit pour transformer en chaines, boites, boucles d'oreilles, boutons, carcans, etc. 518 *écus d'or couronne* et de plus 35 *écus d'or couronne* pour la façon.

(3) Dans la *Playsante chronique du Petit Jehan de Saintré*. (Par Antoine de la Salle, né vers 1398, mort après 1461 et par conséquent contemporain de G. de la Trémoille), le premier par ordre de dates, un des premiers par ordre de mérite, de nos romans *naturalistes*, dans cet ouvrage si amusant, si instructif, si remarquable comme peinture des mœurs de l'époque, on trouve des centaines de descriptions d'armes et d'armures dans le genre du heaulme de Sire Enguerrant « sur lequel estoit un cerf d'or macif, portant un collier ou estoient.... ung très bel rubis, ung très bel dyamant, ung très bel balaix (rubis balais), chacun enclos entre deux belles perles. » (Édition de Marie Guichard, p. 198).

tailleur (d'octobre 1467 à avril 1470) va nous fournir de curieux renseignements. Prenons une année entière, l'an 1468. Nous trouvons pour le sire de Craon : douze pourpoints (1) les uns en damas, les autres en satin ; pourpoints noirs, gris, violets, cramoisis, jacquette de satin vert, pourpoints pour porter sous la robe ou sous l'armure (2); dix robes de velours violet, cramoisi, noir ou gris, presque toutes doublées de taffetas ou de satin ; une seule en camelot, une seule en soret, soit douze robes en tout. De plus deux hocquetons (3), deux cornettes (4) et un manteau de velours violet. Par ce mémoire on voit également que le sire de Craon portait aussi des robes de drap doublées de taffetas, des robes de draps étrangers, des « pourpoins de *satin figuré*, des georgets de taffetas, des robes d'écarlate et de gris » c'est-à-dire, croyons nous, doublées de petit-gris; enfin, et ce n'est pas le détail le moins curieux, le tailleur, moyennant vingt sols, confectionna une enseigne et un guidon (5).

Presque toujours le seigneur fournit l'étoffe, et le tailleur ne fait payer que la façon et, en plus, ses frais de voyages (6). Le compte nous apprend que la façon d'une robe, d'un pourpoint ou d'un manteau était de vingt-sept sols six deniers (48 fr. 10 c.) (7). Quant au prix des étoffes, le *Chartrier de Thouars* (p. 22), nous le donne dans le compte des dépenses des funérailles de la mère de G. de La Tré-

---

(1) Le pourpoint était un vêtement élégant, serré à la taille; il était taillé avec ou sans manches.

(2) « Item... quatre pourpoins, un à armer et troys autres à robes. » Au milieu du XVe siècle, la robe était ou fermée (on ne voyait alors que le col du pourpoint), ou fendue par devant : elle était collante sur la poitrine et le dos, la taille basse et se portait sans ceinture. Les robes étaient faites d'étoffes très riches, doublées de satin ou de fourrure.

(3) Le hocqueton, vêtement plutôt militaire que civil, à manches courtes, assez larges, avec un capuchon, avait sa jupe tombant jusques aux genoux et fendue par derrière, et latéralement.

(4) La cornette était un camail avec capuchon pouvant couvrir presque entièrement le visage.

(5) Dans le *Chartrier de Thouars* (p. 9), on voit que le 4 novembre 1386, Melchior, peintre à Bruges, reçut 80 francs d'or pour avoir fait un grand étendard « de serge de coustiné, contenant 40 aulnes de long à l'aulne de Bruges, de deux pennons et deux bannières de cendal (soie), fais à la devise et aux armes de messire Guy de La Trémoille... pour armer sa nef pour le présent voyage que mondit seigneur entend à faire... en Angleterre ».

(6) « Item, pour la besoigne que mon homme fist le voyage de Bretaigne et de Normandie dont fut fait compte à luy de 12 livres 10 sols (environ 360 à 380 francs). »

(7) Façon d'un pourpoint pour François Ier (1515) : une livre 15 sous (48 francs); pour le même : façon d'une robe, 2 livres (55 francs). (Leber p. 100.)

moïlle, Catherine de l'Ile-Bouchard. Ce document nous montre qu'en 1472 le velours coûtait cinq livres dix-huit sols l'aune (216 fr. 33 c.), le satin double noir trois livres (139 francs), le bougrain un peu moins, le drap d'or trente livres (près de 1.155 francs). Le satin noir broché d'or (1) 14 écus d'or l'aune (1855 fr., il ne s'agit que de l'écu de 75 sols), le satin jaune 4 livres (147 fr.), le taffetas jaune 35 sols (55 francs).

Le mémoire du tailleur nous permet également de deviner la composition de la maison. L'usage était d'habiller deux fois par an, en février et en octobre, les gentilshommes, hommes d'armes, serviteurs des grands seigneurs. Par les comptes, qui malheureusement ne sont pas assez explicites, et qui tantôt désignent les personnes par leur nom, tantôt par leurs qualités, on voit qu'outre « monseigneur », le tailleur fournissait des vêtements soit de velours ou de satin, soit de futaine. Les premiers évidemment, étaient réservés aux hommes d'armes ou aux officiers de la maison. Ils sont désignés par leurs noms; ce sont : Jehan de Cravent, Gibert, Charlot; les porteurs de futaine sont plus nombreux, d'abord Hector de Salezart, puis quatre pages habillés tantôt de futaine et tantôt de treillis; quatre archers; puis Raoulin l'armurier, Martin valet de chambre, Lyegeois, Christofle, Jacquelin, Corbenton, Prégent; enfin d'autres désignés par leurs qualités seulement : le prêtre, le barbier, le valet de chiens, le valet d'étable, en tout vingt-quatre personnes.

Mais de ce compte, on ne peut conclure que la maison de Georges de La Tremoïlle ne fût composée que d'un si petit nombre de gens. Un chef militaire tel que lui devait avoir, dans ses châteaux et châtellenies de l'Albigeois, à Montmiral, Villeneuve, Chastelneau, dans sa place forte de Craon, bien d'autres serviteurs, qui même lui donnaient pas mal de soucis. La preuve en serait fournie, s'il en était besoin, par les nombreuses et intéressantes *lettres de rémissions* sollicitées par le sire de Craon, pour obtenir la grâce pleine et entière de meurtres commis par ses hommes. Le savant éditeur a eu grand'raison de les joindre à sa publication, car elles jettent un jour curieux sur ces époques troublées.

Si l'on veut se faire une idée complète de ce qu'était *la Cour* (le mot n'est pas excessif) d'un grand seigneur, un peu plus tard, dans le premier tiers du XVI° siècle, le *Char-*

---

(1) *Chartrier de Thouars*, p. 51 « Achapt de draps d'or et de soie. Décembre 1509.

*trier de Thouars* (p. 60) va nous donner l'état de la maison du vicomte et de la vicomtesse de Thouars en 1533 (1), on y trouve vingt-et-un gentilshommes payés (2) depuis 500 livres (7.330 francs), 300 livres (4.398 francs) ou même 240 livres (3.532 francs); quatre dames dont les gages (terme du temps) varient entre 100 livres (1.466 francs) et 40 livres (586 francs); quinze femmes entre 30 et 12 livres (339 et 176 francs); quarante-neuf serviteurs dont trois tailleurs (deux pour la vicomtesse, un pour le vicomte), trois valets de chambre; un organiste à 20 livres (293 fr.), un apothicaire à 100 livres (1.466 francs); un barbier, un portier, un tapissier, un porteur d'eau et de bois, un charretier et un grangier qui, joints au *vigneron* et au *jardinier*, indiquent une petite exploitation agricole; trois palefreniers à 15 livres (219 francs), moins payés que les muletiers qui touchaient 20 livres (293 francs), deux fourriers, un fauconnier, un serviteur des femmes; un écuyer de cuisine à 30 livres (538 francs), 4 cuisiniers à 15 et à 10 livres (219 et 146 francs); point d'aumônier en titre. N'oublions pas le plus payé de tous les serviteurs « Pierre Guerry, recepveur général » qui touchait 310 livres, soit 4.544 francs. Les dépenses totales du personnel montent à 4.704 livres (68.960 francs). Mais dans ce chiffre, ne sont pas compris les quatre conseillers du vicomte, dont les noms sont donnés sans indication des émoluments.

Dans cette énumération des gens de la Tremoïlle, nous avons signalé le jardinier et le vigneron; or, en risquant un truisme, on peut admettre que le jardinier suppose l'existence du jardin. Qu'était donc un jardin au XV° siècle? On a bien peu de documents qui puissent éclaircir cette question. Les jardins alors, ou renfermés dans l'enceinte des châteaux, ou sous la protection immédiate des fortifications, étaient nécessairement forts restreints. Nous appellerions aujourd'hui plutôt un *verger*, ce que l'on appelait alors un jardin. Les fleurs étaient sacrifiées aux fruits : une petite place était réservée aux légumes, une autre aux simples qui formaient la base de la pharmacopée. Je sais bien que le célèbre *Roman de la Rose* parle de « jardin tout vert » où siègent *Deduict* et sa cour; de « fleurs odorantes et de haut prix, » blanches et rouges, « comme plus franches sur

---

(1) Rolle des gaiges des gentilshommes, damoyselles, officiers, serviteurs et servantes de la maison de hault et puissant seigneur, monseigneur Françoys, seigneur de La Trémoïlle.

(2) Rappelons que dans la première moitié du XVI° siècle, la livre ne valait plus que 14 fr. 66 c.

toutes les autres » pour servir de bordures ; mais presque partout l'auteur appelle ce jardin un verger (1).

En effet, dans son excellente *Histoire de l'Art des Jardins* (2), le regretté baron Ernouf nous montre Charles V faisant faire à Paris, dans son verger de l'hôtel Saint Paul « une plantation de cerisiers qui lui coûtèrent cinq sols le cent », sans doute sur l'emplacement qu'occupe aujourd'hui la rue de la Cerisaie. Charles VI renouvela les vignes qui garnissaient les treillages des allées de promenades, des tonnelles crénelées et fleurs-de-lisées, dont la rue Beautreillis conserve le souvenir. Mêlant l'agréable à l'utile, il planta non seulement des arbres fruitiers, mais force roses et lys « et huit lauriers verts, importation toute nouvelle et d'un grand luxe à Paris. »

Un document publié dans le dernier numéro du *Bulletin Historique du ministère de l'Instruction publique* (3) nous fait connaître ce que renfermait un jardin de province sous Louis XI. Ce jardin, qui appartenait à Bernard Gros, commandeur de l'ordre de Saint Jean, semble avoir été cultivé avec grand soin. Comme fleurs, on n'y trouve que des roses rouges (4) et des giroflées, dont une espèce venait de Rome ; comme légumes, des pois, des fèves et probablement de la laitue, qu'il désigne sous le nom d'*Erbasalada* dans son patois languedocien ; à côté, dans les mêmes carrés, des fraisiers. L'énumération des arbres à fruits est plus longue. Cerisiers, mûriers, amandiers, 36 variétés de poires, 7 espèces de pommes, enfin 11 cépages différents.

Les noms de ces variétés nous sont pour la plupart inconnus aujourd'hui ; cependant on rencontre parmi les poires celles de Bon-Chrétien, parmi les pommes celles de

---

(1) Vers 479 : En leu de haies uns vergier...
Vers 481 : Oil vergier en un bel leu siet...
Vers 487 : Cum il avoit en ce vergier..., etc. Il est vrai que plus loin on voit (vers 509) :

Oil oui c'est c'est biax jardins,
Qui de la terre as sarradins,
Fist ça ces arbres aporter
Qu'il fist par ce vierger planter...

En effet la rose de Damas, par exemple nous venait des Sarrazins et quelques autres aussi.
(2) *Art des Jardins*, un vol. in-4° avec de nombreuses gravures. Paris, Rothschild, 1888, pages 38 et 39.
(3) Numéros 1 et 2 de 1889, p. 115 et suivantes : *Le livre de Raison*, de Bernard Gros, commandeur du Temple de Breuil en Agenais. Communication de M. Tholin, archiviste de Lot-et-Garonne.
(4) On ne connaissait guère alors que 7 à 8 variétés de roses (moins que les Romains n'en cultivaient). Aujourd'hui le nombre des roses s'élève, d'après les catalogues, à plus de 6,000.

Capendu (ou Court-Pendu). De même que le musc jouait un grand rôle dans la cuisine, dans le jardin on voit parmi les cépages, deux variétés de *Muscadel*, et parmi les poires, la *Muscadella*. (1)

Si les comptes des la Trémoïlle sont muets sur le jardinage, sur l'horticulture, d'autres nous fournissent sur certaines dépenses des détails assez curieux, qui éclairent, d'un jour tout spécial, les mœurs de son temps. Par l'inventaire du château de Ligny on a pu voir des arbalètes, des serpentines, des hacquebouthes classées parmi les objets mobiliers. On trouve dans un compte de 1472-1474 : « A Pierre Crosnier, fondeur, qui a fait les couleuvrines de Monseigneur, 200 livres (6,600 fr.); au dit Crosnier à une autre fois, 27 livres, 1 sol, 3 deniers; à luy à une autre fois, 37 livres, 13 sols, 9 deniers; à luy pour mener lesdictes couleuvrines à Rocheffort sur Loire, 3 livres, 3 sols. » En tout, 258 livres, 4 sols, 12 deniers (7,550 fr.). Malheureusement nous ignorons combien de couleuvrines ont été fondues pour cette somme, mais un document du 9 septembre 1524 (*Chartrier* page 37) nous apprend qu'il a été payé à Jean Symon, fondeur à Nantes, 493 livres tournois (près de 14,000 fr.) pour deux pièces d'artillerie de fonte du poids de 1,000 livres environ chacune, et d'une longueur de 9 pieds et demi. Ces comptes d'artillerie figurent à côté de ceux d'orfèvres. Ainsi il a été payé à André Mangolt, orfèvre « pour la façon d'une ymage d'argent qui a esté porté à Cléry (2), 125 livres (4,680 fr.), à deux hommes qui portèrent ledit ymage, 3 livres, 17 sols, 6 deniers; à un serviteur que ledit Mangolt envoya pour soy donner garde dudit ymage, 1 livre; et autres menues mises... et pour le vin aux varlez (le pour boire) 5 livres, 5 sols. (200 fr.). » Un autre orfèvre, Guillemin Possonier reçoit (à valoir) 200 livres (7,500 fr.) sur les calices qu'il a fabriqués, et 247 livres, 2 sols, 6 deniers (9,278 fr.) pour les « tasses de Monseigneur. » Ici c'est un vitrier auquel on paye 21 livres, 10 sols « pour les vitres des chambres de Monseigneur, » et à côté, dans

---

(1) Tout habile horticulteur que fut Bernard Gros, il est bon de se méfier de certaines de ses recettes, de celle-ci entre autres : « De antar pomas salvatges sobre laurie, lo frut que gitara seran yranges. » En greffant des pommiers sauvages sur des lauriers, les fruits qui en sortiront seront des oranges.

(2) Cléry sur Loire (Loiret), dont l'église, but d'un pèlerinage célèbre, fut reconstruite par Louis XI.

le même compte, à un maistre P. Gabin, canonnier, 6 livres, sans faire connaître pour quels motifs (1).

Nous venons de parler de vitres, grand luxe pour l'époque, car on voit que cette rareté était spécialement réservée aux chambres du Sire de Craon. Une autre pièce presque contemporaine (2), puisqu'elle est de 1516, nous montre que si les vitres commençaient à apparaître, les vitraux, eux, disparaissaient, car en 1516 on commande à Lagout, dit Picard, vitrier, une « grant vitre » pour mettre au-dessus de l'autel de Saint-Nicolas de Craon. « A laquelle vitre, dit la cédule du marché, il est tenu de faire Notre-Dame-de-Pitié, Saint-Jean, la tête de Notre Seigneur, la Madeleine, Marie Jacob et Marie Salomé, ainsi que l'Istoire le requiert; la représentation de Monseigneur et de Madame et de faire représenter mondit seigneur par Saint Louys et Sainte Catherine et pour madicte dame Sainte Anne et Sainte Gabriel, *bien et honnestement et de bonnes couleurs* (3). Et au fourmement de la dicte vitre sera de faire Dieu le père et des anges portant le mistère de la Passion, » le tout à raison de « 10 sols le pyé ! » (15 fr.)

Tous ces détails sont minutieux, nous le reconnaissons. Mais quand on puise dans une source aussi abondante que le *Chartrier de Thouars* ou les *Archives d'un serviteur de Louis XI*, même en étudiant les questions soulevées par ces documents par le petit côté, on est embarrassé dans le choix qu'il faut faire, et l'on craint de négliger un renseignement pouvant éclaircir des points peu connus.

Pour être complet, après avoir essayé de montrer comment était logé un grand seigneur du XVe siècle, comment il était meublé et habillé, comment il se parait, comment, à ses dépenses de luxe, venaient se mêler ses dépenses de guerre, ses comptes d'orfèvres et ses comptes de canonniers, il faudrait indiquer comment il mangeait. L'inventaire de la cuisine, que nous avons donné plus haut, semblerait bien sommaire au moindre des cuisiniers de nos jours. Par malheur, le duc de la Trémoïlle ne nous a pas donné un seul des *menus* (4) de ses ancêtres.

Tout au plus trouvons-nous dans le compte des dépenses de Catherine de la Trémoïlle, pour prononcer ses

---

(1) *Archives*, etc., p. 50.
(2) *Chartrier de Thouars*, p. 44.
(3) Il s'agit donc de vitraux peints et non plus de vitraux de verre coloré.
(4) Le mot *menu*, dans le sens où nous l'employons ici, est tout moderne, il ne date guère que du XVIIIe siècle. Peut-être a-t-il été adopté alors qu'à la cuisine *gargantuesque* des ages précédents, succéda la cuisine fine et délicate des petits plats, en honneur seulement à partir de la Régence.

vœux à l'abbaye de Notre-Dame d'Angers en 1473: « Item pour le disner et les despances, oultre blé, vin, lart, veneysons et gibiers, 40 escus (1). » C'était son frère, en effet, qui avait fourni blé, vin, etc.; un compte spécial nous montre qu'il fallut trois chevaux pour transporter la seule venaison. Voilà tout ce que nous savons du repas, nous ignorons et le nombre des convives et jusqu'au menu.

Essayons de combler cette lacune. Pour ce faire, nous aurons recours à deux très curieux, très instructifs et très amusants volumes de M. Al. Franklin, qui fourmillent de précieux renseignements sur ces côtés intimes de la vie domestique. Mais nous n'emprunterons à l'auteur que ce qui a strictement rapport à l'époque qui nous occupe, c'està-dire au XVᵉ siècle.

Toutes les cuisines étaient semblables. Elles ne différaient que par le plus ou moins grand nombre d'ustensiles. Ainsi dans une cuisine royale (2) on trouve 36 poêles ou poêlons (3), 6 chaudières et 27 chauderons. Elles ne renferment guère de plus que celle de Georges de la Trémoille que 4 grils (4), 2 léchefrites, 5 passoires et un mortier. Les viandes, le poisson étaient rôtis ou bouillis, l'art du cuisinier ne se manifestait que par les sauces. Et quelles sauces ! l'amour des épices, leur mélange incroyable étaient poussés aux dernières limites (5). La liste de celles que l'on trouva lors de la mort de Jeanne d'Évreux est si

---

(1) Près de 7,500 francs s'il s'agit de l'écu de 3 livres; moitié moins s'il s'agit de l'écu d'une livre 10 sols.
(2) Celle de Jeanne d'Évreux, veuve de Charles-le-Bel.
(3) Les casseroles étaient alors inconnues, les poêles les remplaçaient.
(4) En 1372, les comptes de l'exécution du testament de cette reine montrent que ces 4 grils ont été estimés 1 livre 5 sols (71 fr. 13 c.) et 1 broche à rôtir 4 sous (11 fr. 80).
(5) Cet amour des épices a persisté jusque sous Louis XIV et même un peu au-delà ; qui ne se souvient des vers de Boileau :

Aimez-vous la Muscade ? on en a mis partout !

La difficulté de se procurer des épices, l'irrégularité des arrivages, la variation de la valeur des monnaies et celle des cours qui en sont la conséquence, ont amené des résultats singuliers.

Voici d'après Leber, les différents prix des principaux produits des pays lointains pendant près d'un siècle.

| Année 1328 | la livre de poivre | | 5 sols | | ou | 13 fr. 75 |
|---|---|---|---|---|---|---|
| — 1372 | » | » | 7 » | 6 den. | » | 21 » 90 |
| — 1450 | » | » | 4 » | 4 » | » | 7 » 04 |
| — 1375 | » | gingembre | 8 » | » | » | 22 » 75 |
| — 1450 | » | » | 8 » | 5 » | » | 15 » 43 |
| — 1372 | » | cannelle | 12 » | » | » | 34 » 16 |
| — 1472 | » | girofle | 20 » | » | » | 55 » 80 |
| — 1372 | » | safran | 90 » | » | » | 250 » » |
| — 1372 | » | macis | 3 » | 8 » | » | 10 » 45 |

gnificative : 3 balles d'amandes ; 6 livres de poivre ; 23 livres et demie de gingembre ; 13 livres et demie de cannelle ; 5 livres de graine de Paradis (grande cardamome) ; 3 livres et demie de girofle ; 1 livre et quart de safran ; 1 demi-livre de poivre long ; 1 quarteron et demi de macis (coque de la muscade) ; 1 demi-quarteron de fleur de cannelle ; 3 quarterons d'espic (fleur de la grande lavande, considérée comme apéritif) ; 5 livres de sucre commun ; 20 livres de sucre fin.

Parmi toutes ces épices si chères, si rares, si précieuses, qui venaient des contrées les plus reculées de l'Orient, de Ceylan, des Moluques, pays dont on ne soupçonnait pas l'existence, dont on ignorait jusqu'au nom, on ne voit pas figurer un condiment spécial à la France et qui est le juste orgueil de la gastronomie française : nous voulons parler de la truffe. Et cependant la truffe était déjà connue, appréciée. Ceci est une petite découverte toute récente due à M. Siméon Luce (1), auquel on en doit tant d'autres plus importantes. Si l'on en croyait Littré, la truffe n'aurait été connue qu'à la fin du XVIᵉ siècle, et serait mentionnée pour la première fois par Agrippa d'Aubigné. Or, en dépouillant les registres de la comptabilité (2) de Jean, duc de Berry, frère du roi Charles V, M. Siméon Luce a trouvé des pièces nombreuses, prouvant que le duc de Berry savait apprécier le succulent tubercule et ne reculait pas devant la dépense pour en faire venir dans le nord de la France, alors qu'il n'habitait pas ses comtés de Saintonge et d'Angoumois, qui en produisent de qualité presque égale à celle des truffes du Périgord.

« Ainsi dès le 4 septembre 1370, au cours d'un voyage qu'il fait à Paris, nous le voyons allouer 60 sous à Jean Desprez, l'un de ses messagers « qui apporta au boys de Vincennes des truffes à mon dit Seigneur » (3). Quinze

---

Année 1372  la livre de riz         » 1 sol.    » ou  2 fr. 85
— 1476      «   riz                 »  » 10 den. »   1 » 42
— 1372  la balle d'amandes (500 liv.), 22 liv. » 10 »  » 1251 » 75
— 1426   la livre d'amandes          » 1 s. 4   »     2 » 48
— 1372   »   de sucre                » 10 s.    »    28 » 45
— 1426   »   »                       » 8 s.     »    11 » 41

(1) *Correspondant*, 25 avril 1880, p. 281. — *Jean, duc de Berry, d'après des documents nouveaux*, par Siméon Luce, de l'Institut.

(2) *Archives nationales*, K. K., 251 à 258.

(3) *Archives* K. K., 251 fol. 71.

jours plus tard, une gratification de 40 sous est accordée à ce même messager, «lequel apporta à mon dit Seigneur des truffes en son hostel à Paris.» Le 1ᵉʳ octobre suivant, un autre messager, envoyé par Jeanne d'Armagnac, apporte à Jean, de la part de la duchesse, qui connait le faible de son mari, un panier de truffes, suivi d'un second au bout de cinq jours seulement. Quatre envois en un mois! Les mentions de ce genre, ajoute M. Siméon Luce, se rencontrent pour ainsi dire sur chacun des feuillets de ces registres.

Du reste, le duc de Berry n'était pas le seul de son temps, à estimer les truffes à leur juste valeur. Le *Livre de raison* de Bernard Gros, que nous avons déjà cité, en parlant du jardinage, prouve que le commandeur savait les apprécier et les recherchait.

Par contre, un poète, leur contemporain, Eustache Deschamps, attaque avec acrimonie le précieux comestible et même le pays qui le produit :

> Or, vous gardez donc de la région
> Où les fruits sont périlleux à mal faire
> Ce sont truffes proprement.
>
> . . . . . . . . . . . . . . . . . . . . . . . .
>
> C'est racine d'orrible vision
>
> Noire au dehors, mais sa décohection
> Eschauffe trop.....

Rien ne manque donc à la truffe, ni les amateurs, ni les détracteurs passionnés.

Mais, fermons cette trop longue parenthèse, laissons-là ce *hors-d'œuvre*, et revenons à nos épices.

Avec ces divers ingrédients, on peut deviner quelles mixtures l'on pouvait opérer. Citons-en une seule de Tirrel, dit Taillevent, écuyer de cuisine de Charles VI, auteur du *Viandier*, le premier traité de cuisine connu, quoique souvent réimprimé, devenu rarissime, il va nous donner la recette du *Brouet d'Allemagne*: « Prenez œufs (frits) en huile ; puis prenez des amandes, pelez-les ; pilez-les ; émincez des oignons que vous faites frire, et faites bouillir le tout. Enfin, broyez ensemble gingembre, cannelle, girofle, un peu de safran mouillé de verjus, vous mettez vos épices dans le potage et que votre bouillon soit liant et pas trop jaune. » Ce n'est pas difficile à faire, on le voit, mais à déguster !

Au lieu de présenter séparément, comme aujourd'hui, chacun des mets qui composent un service, on en rassemblait plusieurs dans un seul plat, qui prenait le nom de *mets*. Ainsi tous les rôtis superposés constituaient un seul mets, dont les sauces, fort variées, étaient servies à part.

*Mets* était synonyme de notre mot *service*. Ces affreux mélanges, les Américains du nord les opèrent encore dans leurs assiettes, où ils entassent tout ce qui sur la table se trouve à leur portée. Ceux de nos contemporains qui ont assisté aux repas du roi Louis-Philippe, se rappellent leur surprise, en voyant le souverain réunir devant lui, comme il en avait pris l'habitude aux Etat-Unis pendant son exil, rôtis, entremets, salades et desserts. C'était le vrai *mets* de nos pères.

Le *Ménagier de Paris* (précieux recueil, qui nous fournit tant d'utiles indications sur les mœurs du commencement du XV° siècle), le *Ménagier de Paris* (1) disons-nous, a dressé le menu d'un dîner à quatre services (2). Nous n'en donnerons pas la longue énumération (3); remarquons seulement l'abondance des rôtis, des poissons, des pâtés (4), l'absence absolue des fruits et des légumes, la rareté des plats de desserts (5). Signalons cependant quelques plats étranges : le brouet d'Allemagne de chair, dont nous avons parlé, l'arboulestre (?), la rosée de lapereaux et d'oiselets, le lait lardé (mélange de lait, d'œufs et de lard frits ensemble), les chapons à la dodine (6), les queues de sanglier, le blanc manger, etc.

Ce que mangeaient nos pères, nous ne pouvons le concevoir, les *anémiés* devaient être alors rares. Les dents étaient bonnes, les estomacs robustes, l'appétit vigoureux, il fallait manger d'abord pour le satisfaire, puis, parce que le savoir-vivre l'exigeait, enfin par la curieuse raison que donne l'auteur du *Castoiement* (instruction), que le père enseigne à son fils. Ce dernier demande à son père : « Quand je suis à table chez un hôte, dois-je manger peu ou beaucoup? » Et le vieillard de répondre : « Mange le plus

---

(1) Le *Ménagier* composé vers 1393, par un riche bourgeois pour l'instruction de sa jeune femme, a été publié en 1846, par le baron J. Pichon.
(2) *Ménagier*, t. II, p. 97.
(3) Nous renvoyons pour le détail au volume de M. Franklin, *la Cuisine*, p. 49.
(4) Rost de chairs, de venaisons, de poissons; pâtés de bœuf et rissolles, de brême et de saumon, de chapons, lamproies, tanches, plies, anguilles, gelées de poissons, etc.
(5) Tourtes pisannes, darioles; ce dernier gâteau était encore en faveur sous Charles IX (voir Brantôme), c'était des tartelettes tantôt à la crème et tantôt au fromage.
(6) Mets très recherché. Après avoir fait cuire le chapon, on faisait griller du pain blanc que l'on trempait « dans un vin fort vermeil, » on faisait ensuite frire des oignons dans du « sain de lard » (saindoux); on passait le tout à l'étamine (passoire) ; on ajoutait cannelle, muscade, clous de girofle, sucre, et un peu de sel, et après avoir fait bouillir cette mixture, on la versait sur le chapon.

que tu pourras ; si tu es chez un ami, il en sera content ; si tu es chez un ennemi, il en sera ennuyé ! (1) »

Comme preuve de ces appétits, citons, d'après le *Ménagier de Paris*, les consommations de la maison royale. Par semaine, on devait fournir 200 moutons, 18 bœufs, 28 veaux, 12 porcs (2) ; et par jour : 900 poulailles (volailles), 700 pigeons, 96 chevreaux, 96 oisons. Pour accommoder ces gigantesques approvisionnements, le service de la bouche comptait à la panneterie 30 serviteurs, à l'échansonnerie 38, à la cuisine (3) 74, et 15 à la fruiterie. En tout 158 personnes.

Chez le Roi, chez les La Trémoïlle, chez le Ménagier de Paris, partout en un mot les serviteurs étaient très nombreux. Ils étaient tenus sévèrement ; ils dinaient après leurs maîtres ; un seul plat devait leur suffire, mais il devait être copieux et nourrissant. « Veillez à ce qu'ils ne restent pas
« trop longtemps à table, à ce qu'ils n'y discourent pas,
« car les communes gens dient:

> Quand varlet presche à table et cheval paist en gué,
> Il est temps qu'on l'en oste, que assez y a esté. »

Si vos chambrières sont jeunes, ne les laissez pas coucher loin de vous, dit encore le *Ménagier* : « Si vous
« avez filles ou chambrières de quinze à vingt ans, pour
« ce que, en tel âge, elles sont sottes et n'ont guère vu du
« siècle (du monde), que vous fassiez coucher près de vous
« en garderobe ou chambre où il n'ait lucarnes, ne fenestres
« basses, ne sur rue. » — Mais en même temps, notre auteur recommande que si un serviteur tombe malade, on le visite, le revisite et le soigne « très amoureusement (affectueusement) et charitablement, en avançant sa guérison (4). »

---

(1) *Li castoiement que li peres ensaigne a son filz.* — poëme qui eut une vogue de plusieurs siècles ; les vers que nous venons d'abréger en les reproduisant, sont les vers 13,983 et suivants.

(2) Les porcs étaient réservés pour la maison du roi ; les chiffres que nous donnons comprennent les fournitures faites et à la maison du roi (la plus considérable) et à celle de la reine ; ainsi sur 28 bœufs, 16 étaient pour la première, 12 pour la seconde. Le service de la cuisine comprenait 11 écuyers de cuisine, dont Taillevent que nous venons de citer, un premier cuisinier et 5 cuisiniers avec 6 aides, 7 hâteurs (rotisseurs), 4 potagers, 2 sauciers et 4 valets de saucerie, etc.

(3) Voici, d'après Leber, le prix des bestiaux au XVe siècle : En 1458 un bœuf gras, 6 l. 16 s. (322 fr.) ; en 1411, deux vaches et un veau 6 l. 8 s. (264 fr.) ; en 1440, un veau 1 l. 16 s. (54 fr.) ; en 1406, un mouton 10 s. 5 den., (21 fr.) ; en 1418, un mouton 9 s. 8 d. (10 fr.) ; en 1427, un porc 8 s. (14 fr.) ; en 1440, un porc 5 s. 4 d. (11 fr.) ; en 1440, une paire de pigeons 1 s. 4 den. (2 fr. 60) ; un oison 2 s. (3 fr. 67), etc., etc.

(4) *Ménagier de Paris*, t. II, p. 57, 58, 71, etc.

Voilà donc ces nombreux plats préparés, tous ces serviteurs à leur poste ; quel était l'ordre du festin, comment procédait-on au repas ? C'est ce qui nous reste à examiner.

Pour réunir les convives, pour annoncer le commencement du diner, on sonnait du cor « *on cornait l'eau* » mais c'était privilège de gentilshommes, car Froissart remarque avec indignation qu'Artevelde, un simple brasseur, lorsqu'il fut à la tête des Gantois révoltés, osa «faire sonner et corner devant son hôtel ses disners et souppers. » Cette sonnerie indiquait que les convives (chose absolument indispensable, comme on le verra plus loin), allaient se laver les mains. Chez les gentilshommes, un page ayant la serviette enroulée autour du bras, chez le Roi, les princes de sang royal, l'ayant, par privilège, pliée sur l'épaule, présentait à laver les mains en élevant un peu l'aiguière avec cérémonie et tenant au-dessous le bassin, en commençant par les personnes les plus considérables. Cette aiguière renfermait des eaux aromatisées, soit avec de la sauge, soit avec de la camomille, du romarin, de l'écorce d'orange. Les eaux de roses et d'iris étaient aussi en grande faveur. L'usage de laver était tellement impérieux(1), que si l'on venait à manquer d'eau *on n'hésitait pas à se servir de vin* (2).

Les mains lavées, tout le monde se mettait à table ; le chapelain ou un jeune enfant disait le *Benedicite*, et ensuite « On assiet les hoste au chef de la table (3) avec le Sei-
« gneur de l'Ostel, après on assiet la dame et les filles et
« la famille chacun selon son estat. On met les salières,
« les cousteaux et les cuillers premièrement à table ; et
« puis le pain. Et après les viandes de diverses manières
« sont apportées..... et ceux qui sont à table parlent l'un à
« l'autre, en eulx efforçant joieusement. Puis viennent les
« menestrelz, à tous leurs instrumens pour esbaudir la
« compagnie ; et à donc on renouvelle vins et viandes, et
« à la fin on apporte le fruit. Et quand le diner est accompli :
« quand on a lavé (les mains), on rend grâce à Dieu et à
« son hoste » (4).

---

(1) Même à la table des domestiques, nous apprend Arthus d'Embry.

(2) J. Sulpicius : *Libellus de moribus in mensa servandis*. — Ce traité de civilité date de 1480.

(3) Le chef de la table, le haut bout était en France un sujet de controverse: Néanmoins il était admis que là où était assis le Seigneur, là était le haut bout. En Angleterre il était marqué par la place de la salière. La *nobility* était au-dessus de la place de la salière (*above the salt*), la *gentry* au-dessous (*below the salt*).

(4) Barthélemy de Glanville : *De proprietate rerum*, traité qui fut traduit en français par Jean Corbechon. Le manuscrit de cette traduction est à la bibliothèque Mazarine, n° 1273, et le passage cité se trouve page 723.

Ce document, d'un écrivain un peu antérieur à Georges de La Trémoïlle, suggère plusieurs observations. On remarque, tout d'abord, que l'auteur ne parle ni d'assiettes, ni de fourchettes, ni de verres. Examinons ces trois points successivement.

Les assiettes étaient peu connues au XVe siècle (1). Pour les mets solides, on les servait sur des *tranchoires*, épais morceaux de pain bis, coupés en rond, que l'on finissait par manger lorsqu'ils étaient imprégnés des sauces dont nous avons parlé. Pour les mets liquides, les potages, ou l'on buvait dans une petite écuelle (2), ou, même jusque sous Louis XIV, chaque convive, le plus considérable le premier, puisait à son tour dans le plat avec sa cuiller, comme font les soldats autour de la gamelle. Une chanson du marquis de Coulanges nous apprend que :

« Jadis, le potage on mangeoit
Dans le plat, sans cérémonie,
Et sa cuiller on essuyoit
Souvent sur la poule bouillie.

. . . . . . . . . . . . . . . . . .

Chacun mange présentement
Son potage sur son assiette;
Il faut se servir poliment
Et de cuiller et de fourchette…. »

Et c'est en 1680, c'est Coulanges, le cousin de Mme de Sévigné, qui est tellement frappé de l'importance de cette révolution dans les mœurs, qu'il la célèbre par ses chants.

Depuis un siècle, en effet, la lutte était engagée chez les élégants sur ce point délicat. Au moyen âge, la fourchette à deux dents, la petite fourche, comme son nom l'indique, était un objet de grand luxe, en or ou en argent avec manches en pierres précieuses. Jeanne d'Evreux en possédait une, Charles V neuf, son successeur trois. Nous n'en trouvons pas trace dans les inventaires de La Trémoïlle. Elles étaient inconnues à la riche bourgeoisie. Du reste, elles ne servaient qu'à manger les fruits. M. Franklin raconte avec esprit et avec force nouveaux détails,

---

(1) La civilité de Sulpice (1483) parle d'assiettes d'étain ou de pain ; elle recommande de ne pas mettre les coudes sur la table, de ne pas tenir trop longtemps les mains sur le tranchoir, c'est dire que le tranchoir était encore en grand usage.

(2) Même ouvrage : « garde toy que quelque chose ne te pende du mentor, (*ne mentum tibi stillet*), quand on a humé le brouet de souppe. » Une autre civilité (plus moderne) recommande: « que quand on a bu sa souppe, on ne jette pas l'écuelle sous la table, mais qu'on la remette au valet qui dessert. »

toutes les péripéties qui signalent l'apparition, la disparition et le triomphe de la fourchette. Il établit péremptoirement que jusqu'au XVIII° siècle, au moins, tout le monde en France mangeait avec ses doigts; que l'emploi des fourchettes ne commença à s'introduire que vers 1600 ; enfin que les fourchettes ne furent pas d'un usage général avant le XVIII° siècle (1).

Oui, et sans exception aucune, au temps de Georges de La Trémoïlle, Rois et princes et bourgeois et manants, tous mettaient la main au plat, tous mangeaient avec leurs doigts, après que les écuyers avaient tranché sommairement les grosses pièces. Les gens raffinés ne devaient prendre le morceau qu'avec trois doigts seulement (2). Il leur était interdit par l'usage, de le prendre à deux mains, « de ronger les os avec les dents, comme les chiens, ou de les décharner avec les ongles (3), comme le font les oiseaux de proie : « Mais on peut honnestement les râcler, amasser la chair avec le couteau. » De ce passage il ne faut pas conclure qu'il y eût sur la table abondance de couteaux; loin de là : «Chez les François, nous apprend G. de Calviac (4), toute une pleine table de personnes se serviront de deux ou trois cousteaux, sans faire difficulté de le demander ou le prendre, ou le bailler s'ilz l'ont» (5). Le service, sous tous les rapports, était réduit à la plus extrême simplicité (6). Cependant, il ne fallait pas aller trop loin ; il n'était pas

---

(1) A ces détails, à ces observations de M. Franklin, j'ajouterai que dans mon enfance, j'ai encore vu des personnes qui, par respect de la tradition, mangeaient la salade avec leurs doigts. Bien plus, en certaines provinces, au commencement de ce siècle encore, dans les grands dîners, on priait la plus jolie femme de vouloir bien retourner la salade « avec ses belles, ses blanches mains, » et c'était un hommage, un honneur que l'on ne pouvait refuser.

(2) De nos jours encore, dans tout l'Orient, on mange uniquement avec ses doigts. Qui a assisté à une *diffa*, a pu remarquer avec quelle dextérité, et à l'aide également de trois doigts seulement, les Arabes détachent d'un mouton tout entier la portion qui leur convient.

(3) « Nettoyer la coque de l'œuf avec les ongles des doigts ou avec le pouce est chose ridicule. Cela peut se faire plus facilement avec le couteau. » Erasme, *Civilité*. — Traduction de O. Hardy, p. 51-57.

(4) *La civile honnesteté pour les enfants*. — Paris, 1560.

(5) Les Français ont toujours été *bons enfants* ; chez les Suisses, chez les Allemands, chacun avait son couteau et s'en servait comme fourchette, usage que les Allemands ont conservé.

(6) L'élégance cependant ne perdait point ses droits, mais on l'entendait d'une certaine façon. Pour peler les fruits par exemple, on comptait :

10 manières différentes pour peler les pommes,
18    »    »    »    »    » les poires,
18    »    »    »    »    » les oranges,
12    »    »    »    »    » les citrons,

une cinquantaine de manières de plier les serviettes, etc., etc.

convenable de lécher ses doigts ou de les essuyer sur son pourpoint; « il sera plus honneste que ce soit à la nappe ou la serviette » (1). Aussi changeait-on les unes et les autres plusieurs fois pendant le repas, et pour cause. Et pour cause aussi, était-on soumis à l'impérieuse nécessité de laver les mains avant et après la moindre collation.

La tradition de laver s'est perpétuée aux tables royales longtemps après Louis XIV, le dernier souverain français qui ait mangé avec ses doigts(2). Sous Napoléon Ier encore, le grand chambellan était chargé de mouiller avec une serviette les doigts de l'Empereur (3), qui, de l'ancienne étiquette cependant, avait supprimé *l'essai*, tout en conservant l'usage d'apporter les plats couverts (4).

Nous venons de parler des assiettes, des couteaux, nous n'avons pas encore traité la question des verres. Sous ce rapport, nos aïeux avaient également réduit le service de table à sa plus simple expression. Si l'on s'en rapportait aux seuls inventaires, ces sources si précieuses pourtant d'exacts renseignements, on pourrait croire que les vases à boire étaient innombrables. En 1309, la reine achète en une fois, à Thiébaut l'orfèvre, 34 hanaps (5) d'argent; et le roi (1316) en fait faire 61. Charles V (inventaire de 1380) avait 14 hanaps d'or du poids de 96 marcs d'or (6) et

---

(1) Erasme, *Civilité*.

(2) En 1651, Anne d'Autriche, la reine aux belles mains, accepta à dîner chez le président de Maisons. Loret, dans sa *Muse historique* (n° du 22 avril 1651), rend ainsi compte du festin :

« Et les belles mains de la reine
Prirent assez souvent la peine
De porter à son rouge bec
(Cecy soit dit avec respect),
Maintes savoureuses pâtures,
Tant de chair que de confitures. »

En 1653, Mademoiselle de Montpensier, parlant d'une collation à laquelle présidait Louis XIV, nous apprend que : « Le roi *ne mettoit pas la main à un plat* qu'il ne demandât si on en vouloit, et ordonnoit de manger avec lui. »

(3) *Étiquette du palais impérial*, titre V, ch. 1 et 2, art. 8 et 23.

(4) Id. Chapitre IV, art. 41 et 42. De cet usage d'apporter les plats couverts vient cette locution, qui a persisté jusque de nos jours : *mettre le couvert*; sans cette explication, elle serait inintelligible. — Avant d'offrir un mets aux convives, on le découvrait, et le serviteur, pour s'assurer qu'il n'était pas empoisonné, en *faisait l'essai* soit en le goûtant, soit en le touchant avec un des nombreux objets regardés comme d'infaillibles préservatifs : langues de serpents, corne de licorne, crapaudine, agathe, etc., etc.

(5) Hanap, calice, tasse, verre désignaient alors les vases à boire. Les inventaires des La Trémoïlle, dont nous avons donné plus haut des extraits, ne mentionnent que des tasses en argent.

(6) Rappelons que le marc d'or ou d'argent pesait huit onces ou 244 grammes.

177 hanaps d'argent doré, presque tous émaillés, du poids total de 603 marcs d'argent. Mais ces hanaps servaient-ils uniquement à boire? Non, car l'on voit le roi transformer en salière (1316) un hanap de jaspe qui avait cessé de lui plaire; car M. de La Borde (*Glossaire*) nous montre les pauvres se servant de leur hanap en bois, comme d'écuelle pour recevoir les aumônes.

Hanap, ou tasse, ou verre, garnissaient les trésors, mais paraissaient peu sur les tables. Dans son charmant volume sur les repas, M. Franklin a reproduit en *fac-simile*, trois gravures sur bois du XVe siècle, représentant des festins servis à des rois ou à de très grands seigneurs, puisque les plats sont couverts. Dans l'une, tirée de la *Mélusine* de Jehan d'Arras, pour quatre convives, deux hommes et deux dames, il y a sur la table un seul couteau et deux verres; dans l'autre, un repas donné par le Roi Artus (1), il y a un couteau devant le Roi et trois pour les six chevaliers de la Table ronde; pour tous un seul verre et un seul hanap. Enfin, dans la gravure reproduite d'après un livre d'heures (2) où sont représentés seuls un Roi et une Reine, chacun a son couteau, mais ils n'ont qu'une seule coupe.

On ne voyait donc sur la table que les plats ou bassins en argent ou en étain (3), destinés à contenir les mets, quelques couteaux, des tranches épaisses de pain (tranchoirs) en guise d'assiettes, les salières (4) et quelques tasses ou verres, ou hanaps. Quant aux pots, brocs, flacons ou bouteilles, en cuir, en verre, en argent, destinés à contenir le vin, la cervoise ou le cidre, ils étaient sur les buffets où les serviteurs allaient les prendre pour verser à boire (5). Ils devaient y aller fréquemment, car si nos pères avaient de robustes appétits, ils étaient également de rudes buveurs, mais ils buvaient avec un certain cérémonial. « Si l'on boit en ung commun hanap, dit P. Salliat (traducteur de la *Civilité* d'Erasme, en 1537), avalle ton morceau devant que

---

(1) Le *Roman du roi Artus*, publié en 1488.
(2) Livre d'heures imprimé par Jehan Poitevin en 1498.
(3) En or massif chez les souverains. V. *Inventaires de Charles V*, etc.
(4) Une salière conservée au musée de Cluny, porte cette inscription :

   Cum sis in mensâ
   Primo de paupere pensa;
   Cum pascis eum,
   Pascis, amice, Deum.

Quand tu es à table, songe d'abord au pauvre; si tu le nourris, ami, tu nourris Dieu.

(5) Les carafes et les bouteilles n'apparurent sur les tables que vers 1700 seulement.

tu boyves et n'approche le verre de la bouche, que tu ne l'ayes premièrement essuyé. Si la tasse où tu bois n'est de telle magnitude ou pesanteur qu'estaient les hanaps desquels Theseus se defendit contre les centaures... porte le verre ou la tasse à la bouche d'une main seule » (1) ; ou mieux encore avec trois doigts. On doit boire d'un seul trait, sans rien laisser au fond du verre, mais cependant, « Tu ne boiras pas de si grand ardeur, recommande Sulpice, qu'il semble plustot que tu humes un œuf que tu boives. » Moyennant ces sages précautions, l'unique tasse circulait parmi tous les convives, comme le fait encore de nos jours, dans certains grands festins, en Angleterre, la *Coupe d'amour et d'amitié* (the cup of love and friendship).

A ce propos, qu'il me soit permis d'évoquer un souvenir personnel, il fera connaître l'étiquette qui préside encore aujourd'hui dans ces circonstances.

J'avais l'honneur (c'en était un alors) de représenter le gouvernement français dans un congrès scientifique qui se tenait à Londres. Le Lord-Maire nous offrit un banquet. Assis sur une estrade, accompagné de son chapelain, de son porte-épée, de son maitre des toasts, il présidait une réunion de quatre cents convives. Au dessert, après que le maitre des toasts eut proclamé que Sa Grandeur allait avoir l'honneur de porter le toast à S. M. la Reine, apparut la fameuse coupe, énorme vaisseau en or, avec deux fortes anses et pouvant contenir une quinzaine de litres (peut-être plus) de vin sucré fortement aromatisé.

Quand après le Lord-Maire, la coupe me parvint, j'étais déjà levé, je saluai, puis par un vigoureux effort (2) je la portai à mes lèvres ; je bus une gorgée, ensuite la posant sur la table, avec une serviette spécialement réservée à cet usage, j'essuyai le point où avaient touché mes lèvres. Enfin, me tournant vers mon voisin de droite, qui s'était levé à son tour, lui faisant un profond salut, je lui offris la coupe qu'il prit en me rendant le salut que je lui avais adressé. Ainsi circula la coupe jusqu'au dernier convive.

Quand tous les toasts furent prononcés, que la coupe eut cessé de circuler, le ménestrel du Lord Maire fit entendre quelques airs de harpe. Nous venions d'assister à une page de Froissart mise en action.

Nous avons employé le mot anglais : toast; encore un vieux mot français, que, comme beaucoup d'autres, nous avons repris à nos voisins après le leur avoir donné. Au

---

(1) *Civilité* de Jean Sulpice, déjà citée.
(2) Le poids du métal joint aux douze ou quinze kilos de liquide, représente un poids total d'environ une trentaine de kilos.

XVe siècle, l'hiver surtout, on buvait tiède, soit en faisant chauffer les boissons, soit en plongeant un fer rouge dans les vases (1) : parfois on mettait au fond du verre une croûte de pain rôtie, et le verre passait de main en main, de bouche en bouche, avant d'arriver au convive à qui l'on buvait. Celui-ci vidait le verre et mangeait la rôtie, appelée *Toustee* ou *Tosté*. Par extension *tosté* signifia la boisson elle-même ; et dans l'histoire du petit Jehan de Saintré il est question de tosté « à l'hypocras blanc, à la pouldre de Duc (gingembre et clous de girofle) au vin blanc et au verjus d'oranges rouges. »

Si l'on faisait grand usage de tostés, on ne disait pas porter une tosté, pour indiquer que l'on buvait à la santé de quelqu'un : on disait *pléger*, et l'on plégeait souvent. L'on plégeait dans la joie, l'on plégeait dans la douleur. Marie Stuart, la veille de son exécution, « beut, sur la fin du souper, à tous ses gens, leur commandant de la pléger. A quoy obéissans, ils se mirent à genoulx, et meslans leurs larmes avecque leur vin, beurent à leur maistresse, luy demandant humblement pardon de ce qu'ils la pouvoient avoir offensée » (2).

Les règles de la civilité entre buveurs étaient aussi strictes que celles observées dans le monde, et un des premiers préceptes était de ne pas refuser de pléger quand on avait bu à votre santé. Bien plus, il fallait souvent vider autant de verres qu'il y avait de lettres dans le nom de la personne à qui l'on voulait faire honneur. Ronsart (3), parlant de sa maitresse qu'il appelle Cassandre, dans une de ses plus jolies strophes, dit poétiquement :

> Neuf fois, au nom de Cassandre,
> Je vais prendre
> Neuf fois du vin du flacon,
> Afin de neuf fois le boire
> En mémoire
> Des neuf lettres de son nom (4).

Moins tendre, moins idéaliste, plus pratique, Olivier Basselin, un des contemporains de Georges de la Tré-

---

(1) En Angleterre, encore aujourd'hui, on fait bouillir l'ale en y plongeant à plusieurs reprises un *poker* porté au rouge. L'ale ainsi chauffé, aurait, paraît-il, des propriétés très enivrantes.
(2) Etienne Pasquier, *Recherches sur la France*.
(3) Rappelons, à propos de ce nom illustre, un fait peu connu. L'impératrice Joséphine pouvait écarteler les armes de Ronsart avec l'aigle impériale. En 1619, Jeanne de Ronsart, petite-nièce du poète, épousa Pierre de Tascher de la Pagerie.
(4) Œuvres de Ronsart, édition de Blanchemain, t. VI, p. 274.

moille, dans ses joyeux *Vaux de Vire* confirme cet usage :

> Si le boire n'est pas bon,
> Jean, simplement, j'aurai nom ;
> Mais si c'est breuvage idoine (1),
> Mon nom sera Marc-Antoine.

Qu'est-ce que les neuf lettres de Cassandre auprès de celles du nom de Marc-Antoine, et que serait-il arrivé si Ronsart avait trinqué (2) avec Basselin? — Il est vrai qu'on était alors indulgent pour « l'yvrognerie » en vertu de cet axiome « qui bien boit, longuement vit » (3).

Mais pour bien boire, que buvait-on? Tout ce qui était buvable, le poiré (4) et la cervoise (5), et surtout les vins. Nous disons les vins, car la variété des crus était considérable. Rabelais, dans ces nomenclatures dont il est si prodigue, nous a donné à ce sujet de précieuses indications. On y trouve des vins justement restés en honneur à côté d'autres oubliés ou discrédités. Nous ne nous perdrons pas dans ces énumérations ; notons cependant le vin de Grave, déjà fort estimé, ce qui prouverait que, contrairement à une tradition plus répandue qu'exacte, ce n'est pas le Duc de Richelieu qui, sous Louis XV, a fait connaître le premier les crus du Bordelais.

D'ailleurs, ces vins clairs, appelés pour cette raison *clairé*, *clairet* (d'où le *claret* des Anglais), étaient depuis le XII° siècle aussi estimés que recherchés en Angleterre. D'autre part Villon, dans ses *Franches repues*, nous montre, que même ses compagnons, d'affreux truands, savaient apprécier le vin de Beaune :

> Sans se haster il demanda
> Au varlet : « Quel vin est cela ? »
> Il luy dist : « Vin blanc de Bagneux.
> — Ostez cela, ostez cela.
>
> « Qu'est-ceci ? Etes vous béjaune ?
> Vuidez moi mon broc'vistement.
> Je demande du vin de Beaune.
> Qu'il soit bon et non autrement ! » (6)

---

(1) Breuvage convenable.
(2) Le verbe *trinquer* apparaît au XV° siècle avec Ol. Basselin ; mais avant lui, au XII°, dans le roman de *Brut*, de Wace (Edition de Le Roux de Lincy, t. I⁰ʳ, p. 330), on trouve l'expression allemande de *Drinkel* pour *Ich Drinck Heil* (Je bois à votre salut), dans le sens de : boire à la santé.
(3) Viollet-le-Duc, *Ancien Théâtre-Français*, t. II, page 30.
(4) Le poiré, qui s'obtient par la fermentation des poires, s'appelait *Vin Poireau*.
(5) La Cervoise ou la bierre.
(6) Villon : *Franches repues*, p. 191. (Edition de Jannet.)
Voici quelques prix des vins au XV° siècle : En 1418, le meilleur vin de Beaune ou de l'Auxerrois, ( s. 3 d., (2 fr. 95 c.) la pinte (de 93 centilitres)

Quant au vin de Champagne (vin rouge, car le vin blanc mousseux n'est guère connu que depuis un siècle) il n'avait été révélé aux gourmets que vers la fin du XIV· siècle. L'empereur Wenceslas, surnommé, hélas! l'Ivrogne, (1) s'était rendu à Reims en 1397 pour négocier un traité avec Charles VI. Là, il goûta le vin du cru et le trouva si bon, qu'il consacra régulièrement plusieurs heures chaque jour, de trois à six, à s'enivrer consciencieusement. Le moment de s'occuper du traité vint enfin. Une fois signé, il demanda à séjourner quelque temps encore dans une ville qui lui offrait tant de charmes. Bref, il y resta trois ans; mais en partant, il révéla au Dauphin le secret de ce long séjour. Le Dauphin, à son tour, voulut goûter ces vins tant appréciés. De là, date la réputation des vins de Champagne (2). Cependant elle fut longue à s'établir. Rabelais, un siècle plus tard, ne les mentionne ni en bien ni en mal.

Dans ses *Propos de buveurs* (livre I<sup>er</sup>, chapitre V.), du reste, il établit une classification purement pittoresque, mais qui mérite que l'on s'y arrête. Il nous parle de *vins de taffetas*, aussi doux à boire que le taffetas l'est au toucher et de *vins d'une* et *de deux oreilles*. Le premier est le bon vin, parce qu'en le dégustant on exprime sa satisfaction en penchant une oreille, tandis que, dans le cas contraire, on secoue la tête, on remue les deux oreilles. Il flétrit le vin auquel on a ajouté de l'eau, de l'épithète de *Vin Bastard*; le vin trop vert, il l'appelle *Vin de Bretigny*; *Vin d'Asne* celui qui fait dormir; de *cerf* celui qui fait pleurer; de *Nazareth* (3) celui qui sort par le nez; de *Lyon* celui qui rend querelleur. Quant au vin de *Porc* ou de *Renard*, point de commentaires (4).

L'ordre dans lequel on buvait nous est à peu près indiqué par Villon, encore dans les *Franches repues*, c'est-à-

---

le meilleur vin *français*, 6 s. 6 d. (1 fr. 96); le bon vin, 1 sol, 2 den. (0 fr. 34); le vin *sain et net*, 5 den. (0fr.14). Leber, *loc. cit.*, p. 77.

(1) Pour l'excuser, les amis de ce monarque prétendaient qu'à la suite d'une tentative d'empoisonnement dont il avait failli être victime, il avait conservé une soif inextinguible.

(2) Henry IV prenait en plaisantant le titre de *Sire d'Ay*, du nom du célèbre vignoble, dont il possédait une partie.

(3) Jeu de mot sur Nase (nez) et Nazareth.

(4) On disait encore : vin *vermeil*, au lieu de vin rouge; vin de *quarante sangles*, c'est-à-dire dont le tonneau est relié de quarante cercles, pour du vin capiteux; vin *de tainte*, gros vin qui déjà servait aux coupages; vin de *dépense*, pour les domestiques; vin *extravagant*, vin de *Nîmes*, perçu en raison de quelque *extravagante*, c'est-à-dire de bulles publiées depuis les Clémentines (Bulles de Clément V), et qui, avant d'être classées, étaient quasi *extra corpus juris vagantes*.

dire, dans ces copieux repas, abondants en victuailles et en liquides, que le poète et ses compagnons se vantaient de « subtiliser » aux naïfs marchands.

> « Après, il prit les esguières,
> Le vin, le clairé, l'hypocras (1).

Il est neuf heures du matin ou cinq heures du soir (2). Voilà la table dressée, le bénédicité prononcé ou par le chapelain, ou par un jeune enfant et les convives, comme on le disait déjà :

> Ayant le dos au feu et le ventre à la table;
> Estant parmi les pots, pleins de vin délectable (3).

Ils causent gaiement, comme le recommande Barthélemy de Glanville (4) : — « Soys joyeux à table, sans user d'aucune médisance, » dit Erasme, car ils connaissent le vieux dicton, « Morceaux caquetés sont à moitié digérés, » et ils attaquent bravement le premier service.

Quoiqu'il n'y eût pas de règles très fixes, au risque de nous répéter, il faut le rappeler : on servait d'abord « ce qui est mol et liquide et se doit servir chaud, comme sont les potages (5), fricassées, hachis; (6) » puis on changeait de nappe, après laquelle on devait se « torcher les doigts, » mais pas s'essuyer les dents (7); et l'on appor-

---

(1) Villon : *Franches repues, seconde repue.* Edition P. Jannet, p. 198. Hypocras, qui aurait dû s'écrire Hippocras, car on attribuait son invention au médecin grec Hippocrate; de là le nom de *Vinum Hippocraticum, Vinum grecum.*

(2)     Lever à cinq, dîner à neuf,
        Souper à cinq, coucher à neuf,
        Font vivre d'ans nonante neuf.
                    (Vieux dicton français.)

(3) Ol. Basselin, *Vaux de Vire II.*

(4) Vivait, nous l'avons dit, au milieu du XVe siècle.

(5) Lorsque les potages étaient servis à chaque convive dans une écuelle (voir plus haut p. 20) il était incivil de tourner vers soi l'anse ou l'oreille de l'écuelle.

(6) Revenons encore sur quelques plats bizarres : le maquereau grillé entouré de fenouil; la langue de porc parfumée au musc; les cerneaux à l'eau de rose; la galimafrée (gigot cuit, puis haché avec des oignons mis ensuite à l'étuve avec du verjus, du beurre et de la poudre blanche, c'est-à-dire du gingembre blanc) etc., etc.

(7) Dans les *Contenances de la table*, manuscrit du XVe siècle (Bibliothèque Nationale, fonds français, n° 1181, fol. 5), l'auteur inconnu, qui a évidemment donné le modèle de toutes les *civilités* publiées dans la suite, s'adressant à l'enfant, lui dit :

> Ne torche de nappes tes dents
> Et si, ne la mets point dedans.

Et dans la *Civilité* de Jean Sulpice (1483) : « Tu torcheras souvent ta bouche et tes doigts de ta serviette. »

tait le second service : viandes rôties et bouillies, pâtés et jambons, etc. ; si le rôti se composait d'un paon, d'un cygne ou d'un faisan, l'étiquette exigeait que le bec et les pattes fussent dorés. Enfin venait après un nouveau changement de nappe « l'issue de table » ou troisième service, qui comprenait les fruits, le laitage, les dragées (1), les confitures liquides ou sèches : gingembre, anis, coriandre, cannelle, safran, confits ou pulvérisés avec du miel. C'est alors qu'apparaissaient les vins herbés (2), le piment et surtout l'hypocras.

Ce breuvage délicieux, comme l'appelle P. David (3), et dont la recette, disait-on, venait des Grecs, fut en grande faveur pendant tout le Moyen Age, la Renaissance et jusqu'au milieu du XVIIIᵉ siècle : « Quand les poètes du XIIIᵉ siècle, dit M. Franklin, parlent de cette confection,.. l'enthousiasme les saisit, et ils se plaignent de ne pas trouver d'expressions pour célébrer cette merveille ; tout y était réuni, suivant eux, le fumet du vin, la saveur du miel et le parfum des aromates éclos sous le soleil d'Orient » (4). Aussi ne se lassait-on pas d'en boire, et le dernier service se prolongeait souvent fort tard dans la nuit (5). Dès le XVᵉ siècle nos pères avaient l'intuition du charmant aphorisme de Mme de Thianges : « A table on ne vieillit pas ! »

Tout doit finir cependant. Comme pour le Benedicité, c'était un prêtre ou un jeune enfant qui disait les Grâces.

---

(1) En 1418 les dragées valaient 15 sous la livre, soit 16 fr. 50. En 1433, elles coûtaient le double. (Leber, *loc. cit.*).
(2) On appelait *Vins herbés* des infusions de plantes aromatiques dans le vin : sauge, myrte, aloès, romarin, absinthe, auxquelles on mêlait du miel et plus tard du sucre.
(3) P. David, — *le Maistre d'Hostel*. Paris, 1649, un vol. in-12.
(4) Voici la recette que donne P. David (*loc. cit.*, 132). « Prenez une pinte de fort bon vin, mettez-y 3 quarterons de beau sucre, un peu de cannelle, 2 brins de poivre long rompu, 12 clous de girofle, 2 feuilles de massif (lisez 2 coques de macis), un peu de gingembre coupé par tranches, et une pomme de reinette pelée et aussi coupée par tranches. Couvrez-le tout, laissez reposer jusqu'à ce que le sucre soit fondu. Passez le tout dans une chausse de drap bien forte et mettez dans la chausse 12 amandes douces cassées et non pelées. Tournés et virés votre ypocras jusqu'à ce qu'il soit bien clair. »

« Si vous le désirez meilleur, prenez un grain de musc, deux grains d'ambre gris, pilez-le un peu dans un mortier avec un peu de sucre en poudre ; mettez le tout dans un peu de cotton et attachez-le à la pointe de la chausse et passez l'ypocras pardessus deux ou trois fois. »
(5) « Ceux aussy hayent (haïssent) leurs enfants, qui combien qu'ilz soient jeunes et tendres, les laissent tenir table *presque toute la nuict*. » (Erasme, *Civilité*, traduction de P. Salliat, 1530.)

On donnait encore à laver (on voit que c'était indispensable), et s'approchant du Chef de la famille, ou du Maître de la maison, on faisait la révérence « en serrant les bras avec bonne grâce et en disant le terme commun : « Bon vous fasse ! » ou son équivalent en latin « Prosit » vieille formule encore usitée, en certain cas, en Allemagne.

Tels étaient les repas ordinaires chez la haute noblesse, la riche bourgeoisie, telle était l'étiquette qui y présidait. Mais à la Cour, chez le Roi, chez les Princes souverains, le luxe de la table était encore bien autre. Gaston de Foix traitant en 1458 le Roi et la Cour, offrit un banquet de sept services. Pour trois d'entre eux il y avait cent quarante plats par table, et l'on comptait douze tables pour tous les convives. Les spectales les plus variés, appelés *Entre Mets*, accompagnaient ces festins; mais la description de ces fêtes royales sortirait du cadre que nous nous sommes tracé et nous menerait trop loin.

« Dis-moi ce que tu manges, je te dirai ce que tu es, » s'écrie doctoralement Brillat-Savarin. Pour exposer la vie intime d'un grand seigneur tel que Louis de la Tremoïlle, nous n'avons pas cru qu'il suffisait de décrire sa cuisine ni celle de son temps. Nous avons essayé de réunir tous les documents pouvant nous renseigner sur divers points de son existence, laissant systématiquement de côté tout ce qui se rapporte à sa vie publique, au rôle qu'il a joué dans l'histoire. Quelles impressions se dégage-t-il de cet exposé ? Pour se servir d'un néologisme, est-il *suggestif* ? Il nous semble que oui. — Une première observation se présente à l'esprit, en comparant les divers prix que nous avons cités: Le bon marché de la vie simple, ordinaire pour le peuple, la petite bourgeoisie ; puis l'extrême cherté des objets de luxe réservés à la noblesse. Ainsi, tandis qu'un bouton entier ne valait que 21 fr., en 1411 et 6 fr. en 1470 ; qu'un petit cochon en 1427 se payait 12 fr. et 4 fr. en 1440 ; tandis qu'un pain suffisant pour faire vivre un homme était coté 20 centimes (en 1440); un faisan, à la même date, se vendait 16 fr.; un saumon 50 fr.; une livre de dragées (16 fr.). Nous avons indiqué les prix exorbitants du velours, du satin, du drap d'or, et l'aune de futaine ou de serge qui variait entre 4 et 6 fr.; les gages d'un ménestrel étaient de 14 fr. par jour, ceux d'une vendangeuse de 30 centimes, d'un vendangeur de 90 centimes. Ces chiffres et bien d'autres encore confirment un dire important de Leber : c'est qu'au XV$^e$ siècle, avec un revenu de 50 livres tournois (représentant 3,300 fr. de rentes en valeur commerciale actuelle), on pouvait vivre dans une modeste aisance. Mais, ajoute-t-il, si en opérant sur les mêmes époques, d'après les mêmes rapports, et en ne changeant que le chiffre du revenu, on suppose au lieu de 50 livres de revenus, 5.000 livres (soit 330,000 francs de nos jours), « l'homme aux 50 livres était aussi à son aise, pour ne pas dire plus, que notre rentier à 3,300 francs ; mais il s'en fallait de beaucoup que le seigneur possédant 5,000 livres de rentes fût relativement aussi riche que l'héritier actuel d'un revenu de 330.000 francs.

En effet, outre leurs dépenses de luxe, leurs dépenses de guerre, les grands seigneurs au XV° siècle devaient seuls pourvoir à tous les travaux publics (routes, églises, fortifications) de leurs domaines ; travaux qui aujourd'hui sont à la charge de l'Etat, du département, de la commune. Donc rien d'étonnant dans l'assertion de Leber, que la vie à cette époque était (sauf les temps de famine) douce et facile pour les petites bourses, excessivement onéreuse pour les grandes fortunes.

Enfin on est saisi d'un certain étonnement en voyant un luxe, une élégance déjà raffinée sur quelques points, se mêler à une rusticité étrange : les derniers restes de la misère engendrée par la guerre de Cent Ans, et les préludes des recherches artistiques de la Renaissance. Peu ou point de meubles dans les chambres, et des vêtements de velours, de satin broché d'or, des bijoux précieux et par la matière et par le travail. Pas d'assiettes sur les tables, mais des bassins d'or et d'argent, des coupes enrichies de pierreries, des eaux de senteur versées à profusion (1), et des mets qui nous paraissent impossibles, assaisonnés par les épices les plus chères, prodiguées avec extravagance. En un mot absence complète, partout, de cette *modernité* qu'on appelle le *confortable*.

Ne nous récrions pas cependant, car nous pouvons être certain que dans quatre cents ans nos neveux, à leur tour, nous taxeront de *rusticité* et s'affligeront, s'ils pensent à nous, de notre manque de confort ! peut-être même d'élégance !

Baron de Watteville.<br>Directeur honoraire des sciences et des lettres<br>au Ministère de l'Instruction publique.

---

(1) Au repas donné le 17 février 1453, par le Duc Philippe le Bon, à Lille, il y avait sur la table une statue d'enfant nu « qui *versait* (à la façon du monument le plus populaire de Bruxelles) *eau de rose continuellement.* »

www.ingramcontent.com/pod-product-compliance
Lightning Source LLC
Chambersburg PA
CBHW060711050426
42451CB00010B/1388